Publicaciones Diferidas

Laura Gil Melgarejo

Publicaciones Diferidas
Laura Gil Melgarejo

Diseño de la cubierta: Equipo de diseño de Universo de Letras
Imagen de cubierta: ©Shutterstock.com

Obra publicada por el sello Universo de Letras
www.universodeletras.com

Primera edición: 2023

ISBN: 9788410003781
ISBN eBook: 9788410005624

A mi madre, que me acompañó, hasta su último día;
Y a mi hija, con la cual comenzó mi nueva vida.

Recordando el pasado

Si de secretos se trata,
tengo más marcas en mis brazos
que estrías en mis piernas,
y no me remueven la conciencia.

Conozco los límites de mi cuerpo,
el miedo a maltratarlo,
desconocido por muchos
y de la mano con la mujer de negro.

He afilado cuchillas en mis muñecas,
he tapado el horror con pulseras,
probé mi sangre
y nada se pudo hacer para pararle.

He probado los arañazos en mi garganta,
uñas clavándose en la pared de un pozo
de quien lucha por exhumar su culpa.

He sentido los huesos clavándose en mi piel
hasta el punto de querer romperla,
huesos que en cada paso devastaban una vida.

Traspasando todo dolor conocido,
volví a ser pequeña,
a probar la dependencia de sus manos
para aprender a caminar.

Volvió a enseñarme el sol,
a arrastrar cada piedra que veía en el camino,
me movió con hilos de seda
para enseñarme a volver a amar.

He notado mi cuerpo frío y enfermo,
queriendo luchar por perder,
perder el último ápice de vida,
ingresar y no salir.

38 no solo es una talla,
puede convertirse en la agonía más amarga,
en el sufrimiento de tus días
y una causa para conocer la soledad de las salas de espera.

La culpa, la vergüenza y la perfección
no son solo adjetivos,
denotan el sentir de una persona
cuando el peso aumenta en décimas,
dichosos números marcados por básculas.

Sé que en cada bocanada de aire
perdía ante los ojos de la muerte,
su guadaña no hacía más que atravesarme la garganta
para lograr aquello con lo que tantas veces soñé: morir.

El suicidio no fue visto como un enemigo,
a veces era la única opción.

El miedo a la muerte desapareció,
huyeron los temores de su presencia

y me cobijo en su túnica negra
para conocer sus más íntimos secretos.

Y me enseñó que todo el mundo muere
pero que mi momento no sería ese.

Me dio la vida,
se alejó
y hoy sé que, aunque ronda libre entre la gente,
yo puedo elegir mi libertad
pero siempre jugando con el azar.

Tuve miedo...

De conocerte,
dejarme llevar por mis sentimientos,
llegar a perderte
...
Y ese día llegó.

No poder confiar en ti,
que me dejaras marchar,
que conocieras a otra persona
...
Y ese día llegó.

Expresar mis sentimientos,
mostrarme tal como soy,
que marcharas
...
Yese día llegó.

Que marcharas
...
Yese día llegó.

Llegó y, por suerte, pasó.

Teñido de culpa

Que caprichoso es el tiempo,
ya se cuentan dos
los años sin verte.

Tu pensamiento provoca desasosiego
y tus palabras hacen
temblar a mi cerebro.

Cuando en cada una de ellas hablas de nosotros,
provocando que pierda contacto con la realidad,
y en cada una de ellas encuentro una excusa
para subir a un pasado que no encuentra su final.

Un pasado teñido de culpa,
un presente reinventando una disculpa
y un futuro incierto que me permita encontrarte.

Por y para ella

Y como siempre, acabas en el mismo lugar: ella.

Yo,
     que cada día pensaba en regalarte un 14 de febrero.

Tú,
     que hablabas de distinción de niveles en tu nueva relación,
     estar a su lado parecía un 28 de diciembre permanente.

Ella,
     que siempre volvía
     para darse la vuelta en cada pelea.

Nosotros,
     que como cada año nos olvidábamos
     para volvernos a encontrar en un recuerdo.

Vosotros,
     que ahora habláis de boda
     sin tener claro el significado de una alianza.

Ellos,
     que en un futuro llenarán vuestro hogar con sus inocentes
                                                [sonrisas.

Al final, todo empezará y acabará con ella.

Pasará

¿Qué pasará
cuando volvamos a encontrarnos en el mismo camino?

Cuando el invierno deje de ser frío y largo,
¿qué será de mí sin poder perderme en tu mirada?

¿Qué será de ti y de mí
cuando cuentes cómo nos conocimos
y de qué manera desconocimos
lo que habitaba en nuestro interior?

¿Qué pasará si,
en algún momento de nuestras dañinas experiencias,
nos echáramos de menos
y nuestros caminos se crucen?

Pasará.

Nuevas marcas

Ideas en descomposición,
de origen desconocido.

Pensamientos fugaces
anhelando un futuro contigo.

Sonrisas despreciables
a quien no te mereció.

Hoy destrozas tu autoestima
por quién ya no está.

Deshaciendo tus dedos
tecleando mensajes sin destinatario.

No te pueden leer,
no quieren.

Tu contacto es usado como la caja de objetos perdidos
donde se depositan los «te amo» que ya no leerás
y jamás llegarán a ninguna parte.

Como tu corazón,
despilfarrando pedazos
como si tuvieras otro de sustitución.

Igual que las heridas
que volvieron a abrirse con cada «nuevo amor».
Y aquellas que no cerraron
por un «viejo amor».

Ideas que revelan expectativas
en el nuevo espejo en el que sollozas cada día.
Con nuevas cicatrices
que dejaron amores mal llevados.

Nuevas marcas
que, al sol expuestas,
nos hacen bellas.

Que, por cada sonrisa,
muestran que, con elegancia,
se contonea nuestra independencia.

Buscándote

No quiero buscarte en programas de televisión,
ya se encargó Isabel Gemio de buscar amores perdidos en España.

Ni quiero pegar tu foto por toda la ciudad para encontrarte,
no quiero emisoras de radio para localizarte
ni buscarte en los pasillos centrales de un hipermercado.

Quiero encontrarte entre las sábanas,
deslizarme bajo el tacto de tus manos,
sentir la tersura de tu espalda,
mi cuerpo junto al tuyo
y tu boca comiéndome a besos.

Sentir el frío de tus labios
y la humedad de mi piel,
sentirte como una gota de agua
que resbala por tu mejilla y acaba en tus labios,
esa gota que al tragar roza tu lengua.

Quisiera ser las manos agitadas
que en la oscuridad buscan tu cuerpo,
descubrirte en cada poro de tu piel
y llegar juntos a comprender que la vida era para los dos.

¡Felicidades!

Se cuentan ocho los años
en los cuales hay un día clave
para recordarte,
desearte un feliz día.

Una sola vez al año
dónde pides un deseo delante de una vela
siendo el único momento en el que te aplaudirán
por algo que llevas haciendo veintiochoaños:
soplar las velas de tu tarta.

Esperando que los días pasen
y tu situación cambie.

Esperando que tu entorno se desmorone
y el día de tu boda no llegue,
provocando situaciones que jamás concebiste para tu edad.

Esperando una evolución
que nunca llega.

Aunque jamás comprendiste
que crece quien lucha por sus sueños
no por imposiciones.

Pero no te preocupes
porque a lo largo de cada vela
se generan nuevas oportunidades
porque maduramos con los daños,
no con los años
como siempre nos hicieron creer.

Porque la vida es un movimiento constante
y sólo pierde quien se para.

Volví a soñar contigo

Y anoche, no sé por qué extraña razón,
soñé contigo.

Tú tan guapo como siempre,
yo tan loca como de costumbre.

No querías un futuro con ella,
al menos eso quería pensar,
pero sí un presente intenso entre tú y yo.

No entendía cuando hablabas de volver a quedarte
sino la amabas,
jamás volviste a amar,
al menos, de modo que juntos conocimos.

Pero tranquilo,
no eres el único que seguirá una relación
ni me hablará de los intereses que la mantienen.

No compartiremos ducha en un mismo cerrar de ojos
ni usaré tus sudaderas como vestidos.
No tenía intención de que mis sueños se hicieran realidad,
mucho menos si es contigo.

No te preocupes,
al fin y al cabo era un sueño
y yo solo necesitaba dos protagonistas para realizarlo.

Volví a amanecer temprano

No te preocupes,
hoy las calles las pongo yo
mientras tú sigues soñando
cómo crear un mundo maravilloso a su lado.

Yo seguiré poniéndote los peldaños
para que, en tu intento, sigas creciendo
para ser mejor persona en cada pisada.

Pondré las luces que iluminan tu camino
para que llegues a cada uno de tus sueños incumplidos.

No te preocupes
porque, mientras tu sueñas,
yo te sujetaré en mis manos
para que en un bello descanso
pienses en cada momento que caminé a tu lado.

Mientras duermes,
sigo a tu lado.

No te preocupes,
yo...
te seguiré mirando.

¡Corre!

¡Huye! ¡No mires atrás!
No vaya a ser que lo que deseas
te vuelva a encontrar.

¿Y qué?

Quedamos en dejarlo,
en no volver a lamentarnos,
seguir adelante sin pensarlo,
hacer que no nos conocemos.

Al fin y al cabo fue un pacto
entre dos adultos que jugaron
a hacerse daño.

Y no te culpo
porque ninguno reaccionamos,
nadie supo dar el paso
y salvarnos de un profundo abismo.

Porque mientras tu caías,
yo más fuerte te cogía;
porque, mientras yo confiaba,
tú más lejos te marchabas.

Y no te culpo,
tú me diste motivos
y yo te di razones.

Infiel

Pensamiento recurrentes,
imágenes que se repiten
como si se tratara de un fotograma permanente.

No sé paralizarlos,
no sé borrarlos de mi mente
ni, mucho menos, de mi corazón.

Tengo cada detalle,
cada día,
cada fin de semana que pasaste con ella.

Tengo cada postura,
cada gesto,
cada imitación
y cada rasgo de su voz.

Cada palabra
y el lugar dónde juntos escapasteis.

Tengo cada sensación, cada olor y cada movimiento.

La tengo observada.
Podría saber de ella
más de lo que tú descubriste en dos meses.

Podría adivinar hasta su fecha de nacimiento
y aconsejarte para que le compres un buen regalo.

Puedo averiguar hasta por qué lo ha pasado mal.
De ella podría adivinar
y averiguar muchos detalles,
y aquellos que me faltan puedo llegar a intuirlos.

De ella no me hubiera gustado
conocerle la cara,
no hubiera querido conocer ningún detalle.

Tampoco hubiera querido saber su color de ojos
ni el tono de su maquillaje.

Tampoco hubiera querido adivinar
si ella vivía por ti o para ti.

Quizás, algún día, ambos entenderemos
por qué todo esto pasó.

Capaz

Incapaz de creer en nada,
me declaré creyente de todo.

Atea a la eternidad,
escéptica de lo idóneo.

Abandoné a quien amaba
por temerle a la desconfianza.

Derrame océanos de lágrimas
por quien hoy ríe sin ganas.

No creí en ti,
no creí en mí
y nada duele más
que el hecho de saber que tú no volverás.

Rencorosa hacia tu persona
hoy me vienes suplicando perdón.

Promesas maldecidas que creí,
palabras en las que me perdí
por el miedo a perder.

Hoy
lloro al conocer que tus besos serán para ella,
lloro ante la impotencia de sus manos en tu espalda.

Por eso, incapaz de creer en nada,
sólo me declaré creyente de ti.

Playas con final feliz

He vuelto
a la misma playa que nos vio crecer
de la cual hacías tu segunda residencia.

Aquella que tantas sonrisas nos ha robado
y en la que tantos besos nos hemos dado.

La misma que ha visto
rodar lágrimas de emoción por mi cara,
que ha robado «te quiero» de tu boca
y ha visto pétalos de rosas
volar entre cuatro paredes.

La ciudad que tanto nos encantaba
sigue más erosionada que nunca,
así cómo las viejas heridas que en mi interior dejaste,
rocas que el viento desvanece
para convertirse en polvo
y no volver a ser nada más.

La misma playa que nos vio nacer
es la misma a la que hoy he vuelto,
los mismos pasos,
las mismas calles.

Todo era igual
pero sólo había una excepción,
y es que en esta ocasión solo existíamos la playa y yo,
porque la misma playa que nos vio crecer
es la misma a la que volvemos
para situarnos en un presente
con recuerdos compartidos.

Cita concertada

La psicóloga me dijo:
«lo que pasó ya no volverá».

Y tenía razón,
no volviste
ni para despedirte.

Silencio

No hablemos de pensamientos
cuando todo esté perdido.

No me hables de miedo
cuando no sepas responder.

No pregunto
a qué se debe tu melancolía,
simplemente la intuyo.

Ni he preguntado
a qué se deben tus anhelos,
los conozco.

Llegas derribando muros,
dejando abajo escudos creados en años,
y aún tienes el poder de derribar una mente inquieta con tus
                                        [suaves palabras,
tus ojos marrones y tus manos dibujando la más hermosa de
                                        [las curvas.

¿Sería amor verdadero?

Y vivir de tu mano
más bonita historia de la vida.

Enamorarnos en cada esquina.
Resolver los problemas a golpe de tintero.

Que no nos coman las altas cumbres,
que las montañas escarpadas no sean nuestro final.

Dejémonos llegar a la meta juntos
cogiendo con borradores cada uno de los obstáculos.

Lleguemos a arrugarnos la piel con el paso del tiempo
como el agua lo hace con las personas.

Lleguemos a erosionar nuestros labios
como la lluvia lo hace con las rocas.

Porque no conozco amor más verdadero
que el vivido desde el principio,
sin finales,
sin cuentos,
sin miedos.

Puntos cardinales

Tú el Norte...

Es todo lo que anhelabas vivir,
melancolía de recuerdos pasados que se esfumaron,
jugaron a desaparecer
para nunca volver,
o eso pensaste.

Volviste a ordenar el caos que tenías
o eso creías.
Nuevas caras,
nuevas sonrisas,
nuevas situaciones
en las que no encontraste satisfacción plena.

El anhelo de lo que no se tiene
es el más inmenso bloqueo que se impone el ser humano
al saber que una vez lo vivió y fue feliz.

Si una vez lo fue,
puede serlo nuevamente.
Lo conseguiste,
viajaste,
viste crecer ideas de ilusiones
que una vez fueron
para volver a repetir recuerdos de un pasado
que jamás volverá.

Ahora, eres feliz,
estas dónde juraste no volver.

Estás en ese momento
donde el cielo se alza en lo alto para regalarte su mejor brillo,
donde las montañas visten de verde en cada paso,
donde cada copo de nieve dibuja pendientes escarpadas,
donde los aludes no descansan.

Pero más grandes fueron las ganas de invocar a todos los dioses
para hacer tus sueños realidad.

Por eso, yo soy de Sur y tú eres de Norte.

Sobra todo

Sobran palabras.
Sobran preguntas.
Sobran dudas.

Faltan certezas.
Faltan acciones.
Falta un gesto.

No caigo,
me levanto con más fuerza.

No retrocedí,
solo volví por lo que quería
y pude observar que todo vuelve a su origen.

A su lugar de origen,
de dónde no quiere marchar.

No retrocedí,
solo volví para crear mi certeza.

Intentándolo,
acabé huyendo

Lo he intentado
y he fracasado.

En cada momento que decido huir,
aparecen nuevos retos,
nucvos micdos
que no hacen más que acobardarme.

Llevarse mi valentía
para dar paso a una perfecta huida de tus manos frías.

Los besos que me prometiste
y nunca llegaron
de tu mirada lasciva
que me desata a lo inapropiado.

De tu nombre,
que con entereza repiten mis labios
sin lograr encontrarte en mi espacio.

Tan solo mis pensamientos,
aquellos de los que huyo
para escaparme del enaltecimiento,
de mis ideas de grandeza sobre ti:
admiración, lo llaman.

Por su inteligencia,
su vocabulario
y su correcta escritura
de sus manos en mi cuerpo,
sobre el que leía mis debilidades.

He errado y volveré a hacerlo
hasta que gane
pero seguiré huyendo
de promesas hechas en iglesias y ante los ojos de Dios.

Ganaré al huir
de tus gritos y comportamientos
que me hacían sentir una niña castigada
bajo tu mirada de poder.

Huyo de lo que siempre me enseñaron:
a compartir.

Huyo de un engaño,
un falso embarazo
y una traición.

Huyo de matrimonios traumáticos,
parejas mal llevadas
y promesas sin acción.

Huiré de todo aquello que un día soñamos tener.

Pequeñas lecciones de vida

Yo, he visto
cómo se puede perder
 a una persona en cuestión de segundos.

Yo, he probado
lo amargo de sumirte en lo peor
y creer que nunca saldrás.

Yo, he comprobado
lo difícil que puede llegar a ser que confíen en ti
y lo fácil de desconfiar.

Y puedo contarte
cómo comprobé lo hermoso del amor
y la fatalidad de una traición.

Yo, puedo recordar
cuantas veces lo intenté
pero también recuerdo las que, por miedo, fallé.
Y cuantas veces, por pensar que no era mi lugar,
me alejé.

Tus palabras no se cumplieron

Despejaste mis miedos de un plumazo,
no quise ver que detrás de tanta alegría
tenías un corazón anhelando personas y lugares
que no pertenecían a este mundo.

Es posible que en tu intento de amar
quisieras buscar a alguien que se le pareciera a ella
pero nadie te aseguraba que no caerías.

Has inventado mil historias
para escapar de un tormentoso pasado,
el mismo que hoy te hace llorar
y no te deja vivir.

No puedes ser libre
por mucho que intentes explicar sobre qué trata la vida,
no vas a ser libre
hasta decidir que todos tus mares deben estar en calma.

Valiente

He paseado de tus manos
por lugares que el mundo desconoce.

He visto la nieve posándose sobre tu pelo
para derretirse en cada uno de tus poros.

He sentido el fuego
que regala un abrazo tuyo al atardecer
y lo que supone un soplo de aire de tu boca
cuando se trata de amanecer.

He tocado la calidez de tus manos
y he soñado con nunca marcharme.

Pero esta vida es de los valientes
y contigo todo era diferente.

29

Si fueras una montaña
nada tendría que envidiarte el Matterhorn.

Por el modo en el que el frío cubre tu mente,
por el hielo que en estos años no has podido derretir,
por la nieve que aún inunda tus ojos,
por las grietas que todavía abren tu corazón.

Porque allí tienes toda tu vida,
allí se paralizó todo tu ser.

Agarró fuerte de tus manos
y aun no puedes cortar la cordada
con la cual fuiste a buscarla.

Aún no puedes soltar el piolet
que te ayudó a salvarla;
aún no te has bajado de aquellos pies de gato.

Sé que ese ascenso
fue el reto más duro de tu vida
pero desde aquel momento
viviste agarrado a las manos de la muerte
y cada día la enfrentas cara a cara.

No puedo ser tu futuro
cuando tu pasado
vive presente.

No puedo darte
todo lo que ya tienes.

No puedo cogerte
si no te vas a dejar caer.

No puedo darte luz
cuando tú mismo te oscureces.

No puedo hacerte subir
porque puedes temer a las alturas.

En ningún momento fui ella
ni quisiera reemplazarla,
porque en común,
solamente, teníamos la edad.

Es igual

No pasa nada
si un 20 de marzo no florece la primavera
y tú te desvaneces con el invierno.

Si en cada pétalo brilla una sonrisa
y mis esperanzas se pierden
con cada llamada que no respondiste.

Si con cada día tú estás más lejos
y yo más perdida.

No ocurre nada,
créeme.

Cuando en cada maniobra te alejas un poco más,
cuando por decisión tienes la soledad
y por bandera la desconfianza.

No importó
lo que yo pudiera sentir,
lo que en cada palabra te escribí.

Cada una de ellas es una emoción contenida, desgarrada;
incapaz te ves de leerlas,
incapaz de creerlas.

Pero créeme,
cuando digo que no pasa nada
y todo está en calma,
porque yo también sé que es la soledad.

He vivido en manos de la desconfianza
y el corazón me ha cicatrizado
en cada lágrima derramada.

No sé andar agarrada de la mano
pero sé caminar
al lado de unos ojos que miran en la misma dirección.

Sé agarrarme a un anhelo de esperanza
para saber que las palabras que no dijiste
son las que reprimes por miedo a perder.

En guerra

Hay juegos
cuyas reglas no son las que marcas,
ya no toca.

El trono ya no te pertenece,
no es para ti.

Los califatos no son tuyos,
no has sido ni eres demócrata.

Se perdieron las leyes, los principios y los respetos;
la jurisdicción te ha olvidado,
tus decisiones son necias y en vano.

Los poderes son míos,
soy la soberana de mi Estado,
mi propio tribunal,
mi propia ley,mis reglas.

Mi país es donde yo pertenezco,
y allá donde voy descubro uno nuevo.

No intentes conquistarme
porque mi guerra no será santa,
será cruda,
a cuerpo
y con mis armas.

No intentes arrebatarme.

Porque de mi caos cree mi propia legión,
mi ejército no se compone de hombres,
mi mejor brigada son las emociones
y mi mejor coronel la gente que me ama.

Curiosidad

Es curioso escucharte contar
cómo viviste un año en un campo de batalla
sin señalización, sin comida:
solo supervivencia y tú.

Pero luego te pierdes en grandes ciudades,
en sus calles y parques,
en urbanizaciones diseñadas
para confundir al mejor postor.

Resulta chocante
cómo puedes dormir con arañas en tu almohada
y convivís en un entorno abierto,
donde el animal más inocente solo podría matarte.

Pero temes a tus miedos,
te bloquean tus emociones
y retrocedes al lugar que más seguridad te da:
tus misiones.

Es curioso,
porque mientras tú te pierdes en grandes ciudades.

Yo me pierdo en áridas grietas provocadas por tu sonrisa,
en ásperas seguridades
que no hacen más que reparar un corazón cicatrizado.

Intento caminar a tu lado,
comprendiendo que las alturas que nos rodean
no son más que cimas temidas por nuestras inseguridades.

A cuarto y mitad

No quiero a alguien a medias
que me haga ver que las situaciones
tienen que ir repartidas a dos.

Hoy, aquí, para ti;
mañana, allí, para ella.

Para restringir tus mañanas con una normativa
y un «no me escribas» como beso de buenos días.

Para la tarde se ha dejado las ganas de verte
Y un «yo te aviso para hablar»como el café más amargo.

Y las noches las acompaña de pasión e intensidad,
con un cálido abrazo para arroparte
y que el frío no te estorbe.

Pero las madrugadas son heladas
cuando juegas a sacar banderas sin son de paz.

Los días corren deprisa.
El tiempo no debe perderse en mitades,
deben invertirse a tiempo completo.

Debe ser compartido,
no dividido

porque ella pude ser yo,
porque hoy seré yo mi todo,
mi otra mitad.

¿La diferencia
entre tú y yo?

Yo, podré emocionarme,
    sentir
    y querer tanto o más
    como lo hice contigo
    aun sabiendo que no me hacías bien.

Tú, al parecer,
    puedes sentir lo mismo o más
    con cada mujer que habita a tu alrededor,
    de manera aleatoria
    y siendo infiel a cada una de ellas.

¿La diferencia?

Tú, pierdes originalidad en cada palabra regalada.

Yo, puedo amar sin medidas
    y conservando en mis palabras la originalidad de una
                    [emoción expresada.

Granada

Sonreír al recordarte
rememorando alegrías compartidas,
peleas a deshoras,
mandarte a Granada a destiempo.

Verte sonreír trabajando,
rostro que no olvido ni escapando.

Odiarte a deshoras
y querer abrazarte cada noche.

Maldecir a tu persona
por irte
y ver que un domingo me deshago llamándote.

Desear tu vuelta,
anhelarte en cada kilómetro de tu regreso.

Despersonificarme pensando,
unirme a ti en cada estación de servicio.

Egoísta en mis palabras,
cariñosa en la cercanía.

Tus manos atacándome,
tus brazos rodeándome.

Prometerme que te olvidaré,
deshacerme en tu pecho.

Lo bonito no es tenerte,
es sentirte.

Lo bonito no es lo que prometes,
es lo que haces.

Lo bonito no es tu llamada,
es que me hables.

Lo bello es verte cada día,
lo hermoso son tus palabras
y el miedo es creación propia.

Tus poderes

Hoy te concedo el poder de
irte,
perderte,
marcharte,
escaparte.

De huir,
temblar,
correr.

De liberarte,
cansarte,
llorar.

Hoy te concedo el poder de
alejarte,
vivirte,
regocijarte.

De organizarte,
de hacerlo más caótico.

Te concedo el poder de perderte
lejos de civilizaciones,
cerca de tus vicios.

Cerca de tus debilidades pero lejos de mis complejos.

Entre cambios

Los domingos comienzan a ser de mares,
nada que ver contigo
siempre alborotado ante tu agitación emocional.

Domingos escuchando olas,
acercando a la orilla tus palabras falsas,
tus besos amargos y tus caricias desarraigadas.

Domingos que tú compartes entre cuatro
como de un corazón roto del que regalas pedazos,
cicatrices que no cicatrizaron
y vuelves a abrirlas con cada nueva experiencia.

No se trataba de conocer,
se trataba de perder.

No se trataba de una nueva experiencia,
trataba de dos.

Dos personas que jugaban a conocerse
desequilibrándose en cada paso.

Dos personas, que en un mísero juego,
abandonaron sentimientos que jamás sintieron.

Solamente sus necesidades fisiológicas y de afiliación se
                                              [interpusieron
para romper lo que un día hicieron creer a su alrededor.

Promesas

Y prometió
seguir esperándola en casa
como quien espera un golpe de suerte en pleno mes de septiembre.

Y ella,
sin ninguna credencial atestiguó:
«tus palabras carecen de fundamento».

Y así siguió
creyendo que las palabras más sinceras
provienen de quien perdió toda fe en el amor.

Por gustos

Prefiero escribir
a descubrir cómo el mundo gira en torno a ti.

Porque no hay nada más obsceno
que escucharte decir
la sumisión a la que me someterías.

Y no eres un cualquiera,
eres esa clase de hombres,
que aunque buenas personas,
más vale tenerlos al más bajo número par.

Pues era verdad que...

... No éramos la combinación perfecta.

... Los polos opuestos no se atraen.

... No nos sirvió el "más vale malo conocido que bueno por
[conocer".

... Los cuentos no siempre tienen final feliz
y nadie se comió a la perdiz.

... No vale con complementarse.

... Lo mío no es tuyo ni lo tuyo es mío.

... Los horóscopos no hablan de mí,
claro, que tampoco hablan de ti.

... La magia se quedó para las películas.

... Los sapos no se convierten en príncipes.

... Las calabazas solo quedaron para Cenicientas.

... El desamor con alcohol no cura.

... "Más vale un buen amigo que un mal marido".

... No nos sirvió un pájaro en mano que ciento volando.

... No hay batallas perdidas.
... Existen las experiencias ganadas.

... Los aprendizajes asegurados de vidas pasadas.

Y la firme convicción de que podemos crear un presente mejor.

Obligada a decir «adiós»

Cocina despejadas
así como mis dudas,
se las llevó la dulce crema de tus dedos.

En el salón ya no se escuchan los gemidos
de lo que una vez fuimos.

No se encuentran las plumas
de nuestras guerras de almohadas.

En tu habitación solo queda un sollozo,
sábanas que no se cambiaron
desde el día de tu despedida
y llevan cuatro meses de largo cautiverio
entre el suelo y mi cabeza.

Más que tú

Nunca pensé en tener más idea que tú,
jamás me promulgué la más lista
ni fui la chica del cuerpo bonito.

No anuncié miradas descabelladas
ni mentiras dichas a otras personas.

No amenacé con marcharme
sin coger, antes, lo que era mío.

No cogí nada prestado
ni hice daño con hipocresías y aspavientos de grandeza,
no reproché nada
ni adulé las pocas cualidades que te caracterizaban.

No exalté tu belleza
ni tuve delirios de grandeza.

Jamás te ofendí,
jamás hablé de ti,
pero sí marché sin despedir
sin un billete de vuelta.

Porque el daño solo es soportado por una buena causa
pero te olvidaste de ser mi mayor causa.

Mientras tanto, para ti
siempre seré la chica
que aguantándote en peores momentos,
sigue haciéndote daño,
sigue siendo la loca que conociste.

Tú,
si promulgaste palabras sin sentido,
gritaste que todo era mentira,
rompiste relaciones ajenas,
pero toda encrucijada tiene su final.

Y tú,
solito, aun siendo tan cobarde,
te promulgaste como un enano sin devoción,
sin corazón
y una locura insana que no te dejará crecer.

Y, siento decirte, que a día de hoy
sigues siendo un enano mentiroso,
con más años pero con menos cabeza.

Des-conociéndonos

Completos desconocidos con distintos pasados,
un presente ataviado de vestimentas de independencia,
del amor hacia uno mismo como el más alto ego del ser humano
y la rivalidad como forma de supervivencia.

Un futuro pisado por unos ideales frustrados
sin creencia en compartir una vida,
sin creencia en una descendencia.

Hablamos por los medios,
aprendemos por lo que leemos
pero vivimos engañados al pensar
que la soledad puede resultar una fiel compañera.

Sin embargo, vivimos creyendo
en leyendas para encontrar el amor,
en la media naranja para exprimirla
y en amores idílicos que no se cuidan.

Se buscan físicos imponentes,
cerebros descerebrados
y una boca que trate de aliviar vuestros miedos en las noches
                                                    [más frías.

Cosas que pasan

Y nadie te echa de menos.
Cosas que pasan
cuando menos lo esperas.

No eres el centro de mis quejas,
no serán tus ansiedades de mi incumbencia
ni vendrán a por mí tus terribles sombras.

Decían que sobreviviría a otro invierno sin ti
pero no llega la estación en la que cada día te espero.

Y ya ves,
son cosas que pasan.

Tú, sigues el destino encerrado.
Yo, apenas creo, en eso del destino
y como dos locos volvimos a encontrarnos.

No sé si por azar o por suerte
pero, esta vez, pesaban más mis cicatrices
que tus peticiones.

Y ya ves,
son cosas que pasan.

Volveremos a encontrarnos
y aquello que llamamos "karma"
encontrará su camino para actuar.

Para entonces, yo seré más fuerte
y, espero, que tú seas el creyente
de dicha energía trascendental,
aquella que siempre criticaste
y nunca creíste.

Y ya ves tú,
al final, son cosas que pasan.

Posibilidad

Es posible que queramos
hacernos sentir en soledad
o, en su defecto,
hacernos sentir mal
por los errores cometidos
durante los años que juntos convivimos.

Distancias insalvables

Tener manos frías
no es sinónimo de lejanía
aunque para nosotros
marcó toda una distancia.

Abandonaste unas manos heladas
por el calor de un abrigo.

No sabías que el amor
se da a manos abiertas,
a manos llenas,
ajenas a cualquier ambiente.

Emociones en fascículos

Evitamos expresar
aquello que anhelamos
por temor a herir
a quien amamos.

Sufrimos una experiencia malcriada
con la soledad más amarga.

Lloramos con la impotencia de un bebé
cuando se marcha
a quien siempre hemos soñado tener.

Vivimos dolores irremplazables
por quien sustituye corazones indomables.

Chillamos desconsoladamente
sin darnos cuenta
que quién marchó
ya no nos atormenta.

Luchamos contra el día
para hacer regresar nuestra alegría.

Apartamos segundos,
minutos,
horas,
días,

meses
y años
engañando al tiempo
con excusas de buscar la felicidad en otro momento.

Cegados por un futuro sin presente
anhelamos lo que dejamos en el pasado,
abandonando los días en seres inertes
y perdiendo la vida
en cada lágrima que le has dedicado.

Índice